Herstellung und Verlag:
BoD- Books on Demand, Norderstedt
ISBN: 978-3-7528-4845-8

Einige der Weisheiten geben nachdenkliche sowie sehr ernsthafte Hinweise bezüglich unterschiedlicher Alltagssituationen, wohingegen manche zum Schmunzeln anregen. Vereinzelt kann es unbeabsichtigt zu Ähnlichkeiten mit bekannten Zitaten oder Aussprüchen berühmter Personen kommen. Dieses Werk bezieht keinerlei Stellung und verzichtet gänzlich auf Wertungen in Bezug auf Rasse, Religion, politischer Ausrichtung, Hautfarbe, persönlicher Zielstellung oder ähnlicher Differenzierungsmerkmale, die hier nicht bereits aufgeführt wurden.

Weisheiten

im Spiel des Lebens

Hektik, Stress und Leistungsdruck!

Innerhalb unserer schnelllebigen Welt zählen zumeist nur hart erwirtschaftete Fakten. Schaffe Umsatz, erwirtschafte Gewinn! Tanze nicht aus der Reihe und tue stets das, was als „normal", also der Norm entsprechend, von Deinen Chefs und Mitmenschen angesehen wird. Nahezu unsere gesamte Gedankenkapazität wird davon in Beschlag genommen, was unsere Umwelt und viele Andere als wichtig und richtig empfinden. So mühen wir uns von morgens bis abends mit Planungen, der Ausführung und „was-wäre-wenn"-Überlegungen wie beispielsweise „Was, wenn ich die Präsentation für den Abteilungsdirektor nicht rechtzeitig fertigbekomme?" über „Ich habe noch kein Geschenk für meine Schwiegermutter." bis hin zu „Was glaubt dieser Trottel eigentlich, mich als Idioten zu bezeichnen?" Unsere Gedanken unterliegen einer dauerhaften Flut von Fragen, Ausrufen, Kommentaren und Feststellungen, welche sich nicht abschalten lassen. Völlig außer Acht gerät dabei das Wichtigste in unserem Leben, das ist unser Selbst. Oft und lange vernachlässigt gibt uns das Leben zumeist im letzt möglichen Moment einen entscheidenden Schubs, der sich dann leider extrem schmerzhaft gestaltet. Die Menschen nennen dieses Phänomen Krise, Burnout oder finden andere klangvolle Bezeichnungen für diese erzwungene Pausen. Eine Fähigkeit, die von uns seit langem in Vergessenheit geraten ist, besteht darin, einmal innezuhalten, und sei es auch nur kurz. Anbetrachts dessen, dass die wenigsten Menschen den Umgang mit sich selbst nicht beherrschen, gibt es nur ganz wenige, die diese Fähigkeit aufweisen und weiter ausbauen können: Die Kunst alleine zu sein, Innezuhalten und sich gänzlich mit sich selbst zu beschäftigen. Da jeder in diesem Leben das erntet, was er sät, ist es nur normal, weder Schadstoffe zu essen, noch die eigenen Gedanken mit mentalem Müll zu vergiften. Genieße dieses kleine Büchlein, um gelegentlich darin zu schmökern. Mache Dir die kleine, allerdings sehr wertvolle Mühe, und halte nach jeder Weisheit kurz inne, denke in diesem Kontext über Dich, Dein Leben und die aktuelle Situation nach. Du wirst erstaunt sein, welche Erkenntnisse Dein eigenes Selbst für Dich erschaffen wird.

Vergiss niemals,
wer Dir tatsächlich geholfen hat,
anstatt Dir aufwendig seine
Ausreden zu präsentieren.

Das Schicksal fordert uns
nur selten in dem Augenblick
unserer Wahl heraus,
sei also stets bereit.

Wenn Du zu oft und leichtfertig verzeihst,
lernen die Menschen,
dass sie alles mit Dir
machen können.

Lache nicht über
die Dummheit der Anderen,
sie ist Deine Chance.

Sagt Dir jemand,
was ihn an Dir stört,
so ist dies ein Zeichen der Wichtigkeit,
andernfalls wäre Dein Verhalten
vollkommen egal.

Lasse Trotteln
ihre Meinung und verschwende
keine Mühe mit fruchtlosen
Missionierungen.

Alte Gewohnheiten öffnen
keine neuen Türen.

Die 3 magischen Tricks des Abnehmens:

1.) betreibe Sport

2.) ernähre Dich gekonnt

3.) habe Geduld

Verrichte niemals eine Arbeit
besonders gründlich,
die es nicht wert ist,
überhaupt getan zu werden.

Eine Rüstung ohne Kratzer war
noch nie im Kampf.

Stelle niemals die Meinung der
Anderen über Deine eigene.

Du lernst
nicht an Deinen Erfolgen,
sondern an Deinen Niederlagen.

Um erfolgreich zu sein,
musst Du irgendwann aufhören
zu planen und beginnen zu handeln.

Verdiene Dir den Neid
der Anderen und geniesse ihn,
das Mitleid gibt es gratis und
bekommen die Versager geschenkt.

Dafür gibt es kein Preisschild:

Anstand
Niveau
Moral

Der grösste Feind des Erfolgs
ist die eigene Bequemlichkeit
in Kombination mit Versagensangst.

Zögere und Deine Angst wird
nur noch grösser.
Wage und Dein Mut wird wachsen.

Du hast erst verloren, wenn Du es
nicht mehr weiter versuchst.

Ist es Dir in einem Jahr völlig egal,
so ärgere Dich nicht länger als
eine Minute darüber.

Stecke Deine Nase
nicht in die Angelegenheiten Anderer,
sondern lieber in ein gutes Buch.

Wenn Diskussionen nicht mehr helfen,
lache die Anderen aus.

Der Preis dafür, ein guter Mensch
zu sein beträgt € 0.-

Halte Dich nicht
an dem Wasserstrahl fest,
wenn Du in der Dusche ausrutscht.

Du bleibst,
was Du bereits bist,
wenn Du nur das tust,
was Du schon gut kannst.

Morgenmenschen
unternehmen alles stets morgen.

Da es alle Anderen schon gibt,
bleibe einfach Du selbst.

Du willst die Aufmerksamkeit
Deiner Kinder?
Setze Dich einfach irgendwo
gemütlich hin.

Befreie Dich
aus diesem Gefängnis:

Die Meinung
der Anderen über Dich!

Bist Du traurig,
so entscheide nichts.

Bist Du verärgert,
so antworte nicht.

Bist Du glücklich,
so verspreche nichts.

Einen anderen Weg zu gehen,
bedeutet nicht zwangsläufig,
sich verlaufen zu haben.

Für das Setzen
neuer Ziele ist es nie zu spät.
Fange also nie an Aufzuhören
und höre also nie
auf Anzufangen.

Keinen Grund zu haben,
um zu bleiben,
ist der beste Grund,
um zu gehen.

Du bist erfolgreich,
wenn Du zwischen dem Aufstehen
und dem Schlafengehen das tust,
was Dir gefällt.
Geld bedeutet nicht alles im Leben.

Folge Deinem Herzen,
vergesse aber keinesfalls,
Dein Gehirn trotzdem ausreichend
zu benutzen.

Interessant,
dass Diejenigen,
die alles stets besser wissen,
es niemals besser machen.

Jeder kann machen,
was er will,
nur eben nicht mit Dir.

Frage gelegentlich
all Deine „abers",
wovor sie sich fürchten.
Ignoriere die Antwort und lege los!

Junge Menschen
opfern ihre Gesundheit für Geld.

Alte Menschen
opfern ihr Geld für ihre Gesundheit.

Ein übermäßiger
Perfektionsanspruch tötet
die Kreativität.

Wenn Du versucht
bist aufzugeben,
rufe Dir in Erinnerung,
weshalb Du begonnen hast.

Verdrängung
mag oftmals
die einfachste Lösung sein,
allerdings auch die schädlichste.

Versuche stets
das zu bekommen, was Du willst,
bevor Du nehmen musst,
was du bekommst.

Behalte Deine Feinde nahe bei Dir,
jedoch Deine Freunde noch näher.
Auf diese Weise sind
Deine Freunde zwischen Dir und
Deinen Feinden und nützen Dir ideal.

Desto schwieriger
die Herausforderung ist,
umso süsser schmeckt der Sieg.

Nutze die Vergangenheit,
um zu lernen,
nicht um in ihr zu leben.

Einen Fehler,
den Du mehrfach wiederholst,
ist Deine bewusste Entscheidung
und kein Versehen.

Hat jemand ein Problem mit Dir,
so kann er es behalten,
schließlich ist es seins.

Deine Vergangenheit
ist bereits Geschichte,
Deine Zukunft ist noch ein Geheimnis,
Deine Kunst ist es,
den Augenblick zu erleben.

Versuche niemals
jemanden zu überzeugen,
der seine eigenen Lügen
als Wahrheit ansieht.

Ich bin nicht auf dieser Welt,
um Dich zu beeindrucken,
daher ist es mir egal,
was Du über mich denkst.

Verschwende keine Hilfe
für diejenigen, die nicht bereit sind,
sich selbst zu helfen.

Oftmals ist es deutlich leichter,
einfach zu lächeln,
als dumme Menschen,
belehren zu wollen.

Wer nach Fehlern sucht,
sollte anstelle einer Lupe
einen Spiegel benutzen.

Eine hohe Distanz
zu dummen Menschen verbessert
die geistige Gesundheit deutlich.

Wie Du den Körper
eines Sportlers bekommst?

Nutze Deinen Körper und betreibe Sport!
Es ist tatsächlich so einfach.

Erlange Stärke durch Verzicht auf:
Alkohol, Nikotin und
schlechten Umgang!

Schlaf ist der Schlüssel zu
einem scharfen Verstand.

Alle Menschen sehen sich zwar
denselben Himmel an,
haben jedoch einen völlig
unterschiedlichen Horizont.

Ein wahrer Meister
ist öfter gescheitert, als viele es
überhaupt versucht haben.

Das Loslassen
schlechter Gewohnheiten
kostet deutlich weniger Kraft
als das Festhalten.
Dennoch ist es ungleich schwieriger.

Entweder lernst Du oder
Du gewinnst,
jedoch verlierst
Du niemals!

Experten in ihrem Bereich
werden nicht geboren,
sondern gemacht.

Strenge Dich also mehr als nur
notwendig an,
um besser zu sein als der
bloße Durchschnitt.

Bemühe Dich um Klartext,
es handelt sich um die
schwierigste aller Sprachen.

Absolut jeder hat dumme Gedanken,
doch die Schlauen
sprechen sie nicht aus.

Nichts muss so sein,
nur weil es schon immer so war.

Lügen kann zwar jeder,
aber die Wahrheit wird sich
dadurch nicht verändern.

Neider sehen nur das Ergebnis,
leider nicht die Arbeit.

Halte also ab und zu inne und befasse Dich mit dem Wichtigsten, das es für Dich gibt, Dein eigenes Selbst. Mache es Dir zur Gewohnheit, Dich täglich für lediglich 5 Minuten mit Dir selbst und sonst nichts zu beschäftigen. Hierbei handelt es sich nicht einmal um ein halbes Prozent eines ganzen Tages, dies solltest Du Dir unbedingt wert sein.

Hab ein schönes Leben mit zahlreichen sowie wundervollen Erinnerungen, vielen lustigen Situationen und bereichernden neuen Bekanntschaften. Koste das Leben aus, es ist schliesslich Deins und werde der, der Du sein kannst.

Mit den allerbesten Grüssen,

Andreas Mildner

„Anpassung ist die Zuflucht der Schwachen!"

Kernkompetenzen von
Mildner & Associates

Verkaufstrainings

Neukundengespräche profitabel führen und zielsicher zum Abschluss kommen.

Mitarbeiterführung

Bloßes Anweisen reicht in den seltensten Fällen aus, kompetente Führung will gelernt sein.

Verhandlungsworkshops

Gesetzte Ziele verfolgen, eigene Forderungen durchsetzen, Manipulationsversuche abwehren.

Rhetorik- und Taktikseminare

Kurse zur Verbesserung des eigenen Auftritts sowie der Wirksamkeit der freien Rede.

Vernehmungspsychologie

Anspruchsvolle Inhalte, ausschließlich von Polizei und ausgewählten Sicherheitsdiensten buchbar.